AF392200

حكايات في الزمن الضائع

قصص

د. محمد عبدالله الرّيّح

حكايات في الزمن الضائع

قصص

إصدارات دائرة الثقافة، حكومة الشارقة 2023م

الناشر: دائرة الثقافة ـ حكومة الشارقة ـ الإمارات العربية المتحدة

الهاتف: 5123333 6 971+

البرّاق: 5123303 6 971+

الموقع الإليكتروني: www.sdc.gov.ae

البريد الإليكتروني: sdc@sdc.gov.ae

الرسوم: د. محمد عبدالله الرّيّح

تصميم الغلاف: زينب الملا

التدقيق: محمد الأمين السملالي

813.01

ر . م . ح

الريح، محمد عبدالله

حكايات في الزمن الضائع / محمد عبدالله الريح.ـ الشارقة، الامارات العربية المتحدة : دائرة الثقافة ، 2023.

154ص؛ 14 x 21سم.

1ـ القصص العربية القصيرة ـ السودان

2ـ القصص العربية القصيرة

أـ العنوان

ISBN: 978-9948-800-20-0

توطئة

كعادته، يُناجز الدكتور محمد عبدالله الريِّح صروف الدهر، باحثاً عن موطئ قدم دلالي فني في زمن الوسائط الرقمية والهجمات الإلكترونية الفتَّاكة.. تلك التي تحاصر "إنسان ما بعد الإنسان" في كل مكان.

في بيئة الجوائح الرقمية المداهمة، يدخل التعبير الفني والأدبي في سلسلة من المآزق والإكراهات المتنامية في صعودها وتحوُّلاتها، فتصبح الكلمة واللون والنغمة في متاهات وترنُّحات متواصلة، فيسعى الفنان الشامل محمد عبدالله الريِّح.. باحثاً عن جواب لسؤال الإبداع والوجود في زمن مُتغير حد الصَّعْق، فيتلمَّس له درباً سالكاً من خلال طاقته الدرامية الناعمة، ولغته السهلة الممتنعة، وثقافته العالمة التي تخطَّت الحد الفاصل بين الأنواع الأدبية والفنية، لتكون في حضرة التكامل الإبداعي بين تلك الأنواع.

نحن هنا نتحدث عن تلك الفصوص المتعددة التي تشكل عقداً فريداً في سلسلة واحدة، وبهذا المعنى نستجلي النص

الماثل بوصفه "حكايات في الزمن الضائع"، وتحقيقاً لطاقة سردية في زمن مُنكشف، فيسترجع الكاتب علاقته الحميمة بالمُشافهة المونودرامية قولاً، والكتابية المختزلة للمعاني نصّاً، والرفرفات الغنائية الصادرة عن موسيقى الوجود بشكليها الصوتي والبصري، فيمنح الكتابة تكثيفاً ناعماً، وفراغات لبيبة.. تتَّسع للدهشة والغموض معاً، فتصبح "النُّكتة" بارقة إدهاش ومكاشفة، لأن النكتة كالنقطة، وكإنسان العين.. تتَّسع أو تصغر بقدر الإبصار المقرون بالتبئير في مشاهدة أعيان الممكنات الوجودية.

الاختصار في القول هو ذلك الزمن الأقرب إلى "الصِّفريّة"، وهو زمن لا يُعوِّل على التتالي الكرونولوجي لمفهوم الزمان والمكان، بل إنه زمن الإبداع الذي يجيز ما لا يجوز في الفيزياء النمطية، وهنا تُختصر الكتابة في لحظة انبثاقة لما هو كامن في الذاكرة، بقدر تطلُّعها لاستشراف الجديد القادم، وفي كلتا الحالتين تصبح لحظة التكثيف رافعة لما كان وما سيكون.

وإذا كانت النكتة تميمةَ النص الماثل في رحابته التأويلية والذوقية، فإن الجُملة البصرية الموازية، وإحياء ثقافة الرسوم التعبيرية، من الإضافات النوعية التي يقدمها المؤلف في مختصراته الرشيقة، فالرسومات ليست ترجمة شكلية

للنصوص، بل هي ترجمانٌ تعبيريٌّ موازٍ للمعاني التي تتقدح من أعطاف تلك النصوص.

ما هو ماثل في هذا الكتاب لا يعدو أن يكون انبثاقة وامضة لبوارق ولوامح سطَّرها المؤلف في عديدِ المنجزات الكتابية والبصرية والشفاهية التي رافقت سيرته الإبداعية العامرة بالعطاء حدَّ الاحتياط، وهو إلى ذلك مشروع إجابة لسؤال الكتابة والإبداع في عالم المتاهات والوسائط الرقمية المداهمة.

د. عمر عبدالعزيز

مقدمة

في زمن تضضع فيه الوقت المخصص للقراءة بفعل عوامل الهجوم الإلكتروني من أدوات التواصل الاجتماعي المقروء والمرئي والمسموع، ماذا لو أنشأنا أدباً يصلح للقراءة السريعة، ولكنه يبقى ليثير تساؤلات فلسفية وجمالية؟ ماذا لو اعتمدنا المعمار الذي تقوم عليه النكتة وهي لا تتعدى بضعة أسطر؟

إن النكتة تعتمد اعتماداً أساسيّاً على ما تُحدثه من مفارقة، وكلما كانت المفارقةُ حادّةً قاطعةً، كانت النكتة قويّةً، لأنها تحدث شحنة كهربائية يتم تفريغها في ثوانٍ معدودات. فالجزء الأول يقود إلى التقاطه بالفصّ الأيسر من الدماغ، وفجأة يأتي الجزء الثاني لينتقل بك إلى الفصّ الأيمن من الدماغ، لأنه يحتاج إلى خيال كبير لكي تستوعبه؛ إذ أنك من البداية لم تكن تتوقعه. والنكتة تكون "بايخة" لأنها لا تحدث تلك الشرارة، فمثلاً إذا قلت لك:

(واحدة فتحت جواز سفر زوجها، فوجدت مكتوب: رجل

أعمال، استغربت لأنه يعمل مدرساً)!! هذه لا يمكن أن تشكل نكتة، لأنك تستقبل كل العبارة بالجزء الأيسر من الدماغ. ولكن لو قلت لك أن (واحدة فتحت جواز سفر زوجها، وجدت مكتوب: رجل أعمال.. مسحت "أعمال"، وكتبت "عوضيّة")! هنا تحدث الشرارة، لأنك لم تكن تتوقع ذلك، والانتقال السريع من الفص الأيسر للدماغ للفص الأيمن هو الذي يلسعك أو (يكلكل) تصورك فتضحك. وقس على ذلك أشباهه؛ فمثلاً:

(بخيل دخل مع ابنه "سوبر ماركت"، الولد قال لأبيه: بحب الشوكولاته.. أبوه قال له: حبها ورجعها محلها).

أو (واحد توفيت زوجته قالوا له: نعوضك بأختها قال:

دي نسابة ولا شركة تأمين)؟!

والحال هكذا.. لماذا لا نحدث أدباً رمزيّاً يجرى مجرى النكتة، لكنه يثير شعوراً أعمق وذلك بتكثيف اللغة وحشد مفرداتها ونخرج بها من المألوف لنثير فضاءاتٍ نصيّةً مفتوحةً على درجات عالية من الخيال؟ خاصة والمساحةُ الزمنيّةُ المخصّصةُ للقراءة تضمحلُّ يوماً بعد يوم أمام ذلك الزحف الهائل من الوسائط المرئية والمسموعة. وقد حاولت

أن أكتب ما أطلقت عليه حكايات في الزمن الضائع. كل واحدة منها تحمل كلمة واحدةً عنواناً لها مثل:

(بصلة: كان الجو بارداً بارداً قارساً.. لم يجد مكاناً يأوي إليه.. فدخل بين البصلة وقشرتها. وفي الصباح كان الجميع يشمون رائحة البصل، إلا هو فقد كان يشعر بالدفء أكثر من أي وقت مضى).

وهكذا تمضي الحكايات.. وأرجو أن أكون قد وفقت.

المؤلف

شقوق

تيبست الأرض فتشققت..

تيبست الأشجار فتناثر لحاؤها..

تيبست ذاكرتي.. فتهشمت..

الأرض والأشجار كانت في انتظار الماء، ليضمد شقوقها

ويعيد لها لحاءها..

ذاكرتي كانت في انتظار بيت واحد من الشعر يعيد رتقها..

حتى جاء طفل صغير يغني:

النخلة تطرح رطباً للأطفال..

فانطلقت أغني معه:

هاتي.. هاتي.. يا نخلاتي

صلعة

الذين يحملون رؤوسهم على أكفهم، لست منهم. ولكني حملت صلعتي على رأسي، وذهبت لأبحث عن دواء ينبت الشعر. دائماً أبدأ يومي بمغالطة كبيرة؛ أحلق ذقني وفي المساء تنبت. أمسح رأسي بمحلول يزعُم مركِّبوه أنه يعيد نمو الشعر ولكنه لا ينمو.

صيدلي حكيم قال لي:

أنت أحد ثلاثة:

الذي داهمه الصّلَع من الأمام فهذا رجل مُفكّر، والذي داهمه الصلع من الخلف فهذا مُحِبّ، ولكن الصلع داهمك من الأمام والخلف في صلعة ممتدة مستدامة، وهذا يعني "إنك مفتكر أنك في حالة حب".

لسان

تبرّأ منه لسانُه ذات يوم في محفلٍ ضمّ كثيراً من الناس،
وعلى رؤوس الأشهاد والشجر صاح لسانه قائلاً:

(أيها الناس؛ أُعلنُ أمامكم براءتي الكاملةَ من هذا الرجل.
اللهم يا من وضعتني في فم هذا الرجل، أسألك أن تُسكِتَه أو
أن تقُصّني).

منافس

كانت عناصر المنافسة تملأ كل خليّة من خلايا جسده؛ فقد ولد وهو ينافس توأمه ويخرج للدنيا قبله. وعندما كبر تفتّح عقله على حقيقة لا تقبل الجدل تقول:

كل إنسانٍ غيرَك أنتَ.. هو منافسٌ لك.

ولهذا انطلق ينافس الكلّ بسيارته في الشوارع، فهم كلُّهم منافسون له، وعليه أن يتفوق عليهم. وأصبح همه في هذه الدنيا أن يكون في المقدمة في كل شيء. المقدمة هذه قادته يوماً للارْتطام بشجرة سارعت برحيله في المقدمة.

راحة

قال بعد أن استعرض تاريخه الطويل:

الموتى.. استراحوا.

الذين يستلقون بلا حراك.. استراحوا.

الرياح التي لا تزمجر.. استراحت.

الرمال المستسلمة للريح.. استراحت.

أشجار الصبّار التي تنتج ثماراً لا طعم لها.. استراحت.

الذي لا ينتظر الغد.. استراح.

إن كنت غير هؤلاء.. تمتع بقلقك النبيل.

حطب*

لا شيء يماثل الحطب يا ابنتي.. هكذا كانت توصيها والدتها. ذهبت لشاطئ أبوروف وحملت حطباً طافت به على كل المطارات.. أخفته عن عيون رجال الجمارك والحراس والعسس وهربته تحت ملابسها وتكبّدت من أجله الكثير وأخيراً استطاعت أن تخرج من صالة الوصول متباهية بانتصاراتها وابتسامة عريضة تسبقها وهي تقابل زوجها. قدّمها زوجُها لأصدقائه الذين جاءوا معه لمقابلتها قائلاً:

زوجتي.. حمالة الحطب!

---

* حطب الدخان تستعملة النساء الأفريقيات كعطر مثير

سحابة

سحابة حملتها الرياح وطافت بها أركان الدنيا، إلا أنها لم تُفرِغ حمولتها من المطر. وعندما أطلت على قريتنا سكبت كل ما كانت تحمله من أمطار وبرد، فقد كانت تبكي معنا ونحن نشيّع بقايا آخر شجرة خضراء قطعها تجار الفحم.

أوهام

ذكريات المراعي الخضراء والسهول الفسيحة الممتلئة عشباً والمياه الجارية.. هي أوهام الشياه التي نفَقت الليلةَ الماضية عندما امتد لسان الصحراء ينفث الجفاف في الأودية.. فلم تفلح محاولات الراعي لجلب الإغاثة لها.

كان هناك حمل وحيد احتاط لهذا اليوم، فدفن غذاءه في مكان يعرفه، ظَلّ يرتادُه من وقت لآخر، دون أن تشعر به بقية الشياه. إلا أنه كان الحَمَل الوحيد الصالح للذبح.

الروقة

الروقة (راحة البال) يا حليلها.. الجميع ينتظرونها. فمنذ أن فارقت ديارَنا ظللنا نذكرها ونحن نحكي لأطفالنا عنها.. الذين عادوا بالأمس قالوا إنها ستعود قريبا.. لم يكن هناك ما يفرح في أحاديثهم.. هذا كلام نسمعه كل عام.

عندما كانت معنا كان الخريف لا يتأخر عن موعده.. وضروع الأبقار والأغنام كانت تمتلئ باللبن.. ونسائم الليل كانت تكلم الأحبة كلاماً رقيقاً وتوشوش في آذانهم. ولكن نمو الأطفال توقف منذ أن فارقتنا.

وذات صباح ومن بعد غياب طويل، حدثت المعجزة وعادت الروقة.. إلا أن أحداً لم يتعرف عليها.

كان السوس قد أكل ذاكرة الجميع.

غموض

هناك شيء غامض مبهم يلمع في عينيك.. أراه يتحرك في مساحات خرافية بين الرموش والحدقة والطريف الكحيل فيبرق شعاعٌ حادّ.. ينفذ كالنصل، يترك خلفه حلقاتٍ غير مكتملة من البلّور المتكسّر، يعكس خيوطاً فضّية تلتقط الضوء المتسرب من النافذة.. تصنع منه عقداً من الجواهر والكهرمان.

لا أراه الآن..

لماذا تغمضين عينيك؟

سعادة

فتكت به زوجته بالليل.. وغدر به صاحبه في الصبح، وزجره رئيسه في رابعة النهار، ولكمه فتوّة الحي، وعضه كلب الجيران في ساقه.

ومع ذلك فقد أحس بسعادة كبيرة عندما لم يجد اسمه ضمن المحالين للتقاعد من أجل الصالح العام.

شيلة

كانوا يعتبرونه بطلاً قومياً يفتخرون به ويباهون به الأمم.. فهو "البِشيلْ فوق المحن ولا يميل".. وقد ظل يشيل عنهم دون كلل أو ملل.

واليوم يرقد في المستشفى بعد أن أصيب بانزلاق غضروفيّ عندما شال عنهم كمية من الشيكات الطائرة.

غناء

عندما غنّى القمريّ على الغصون، تذكّرنا الدرّ المصون، الذي كان محفوظاً في خزانة حديدية بأحد البنوك. وفي غمرة الاختلاسات تسلّلت يدٌ خفيّة، واختفى ذلك الدر المصون، وعندها غنّى القُمريّ مع الحمام كيف انتهب المال العام.

سهم

سهم ناري انطلق يشقّ عنان الفضاء.. لمعت بعض النجوم في رماده قبل أن يدركها الأفول. غاب وسط الغيوم، ثم انتزع جسده منها ودار دورة لولبية، حملته إلى جزر واق الواق.

وهرعنا إلى خرائط الدنيا نبحث عن جزر واق الواق..

وفي كل مرة كنا نعثر على السهم لا نعثر على الجزر.. السهم كان يشير إلى الأمس.

خوف

كان يخاف الكلاب التي لا تنبح، والجرح الذي لا يؤلم، والعيار الذي لا يصيب، ومِن ذَكَر البعوض الذي لا يقرص لكنه يحرّض أنثاه على القرص. كان يخاف من الأكفان البلاستيكية والكهرباء المختبئة داخل الجدران، ولهذا ظل منزوياً، مبتعداً عن كل شيء.

عندما أدركته المنية، كان سبب وفاته أقرب شيء إلى قلبه.. انسداد في الشرايين التاجيّة التي تغذّي عضلة القلب.

براقش

لم تَجْنِ براقش على نفسها فحسب، بل جنت على جميع بنات وبني جنسها؛ ففي اليوم الذي تجمّع فيه الخُطّاب من كل حدب وصوب، لم تضع ضمن شروطها لقبول الزواج فيلّا مفروشةً أو كذا كيلو من المجوهرات والنفائس، أو سيارة رولز رويس، أو يختاً يجوب بها البحار والمحيطات وما إلى ذلك..

إلا أنّها طلبت أن يكون من تقبله زوجاً يملك قلباً أصليّاً.. فر جميع الخُطّاب.. لقد كانوا يملكون قلوباً مزروعة.

دواء

أشعر بصُداع حادّ وارتفاعٍ في درجة الحرارة، وألَم في المفاصل، والتهاب في الحلق، مع شعور بإرهاق عامٍّ وتَصَبُّب في العرق.. وإحساس بالبرد، مع أننا في عز الصيف.

تناولتُ حبة من ذلك الدواء الذي كتب عليه أنّ تناوُل حبة واحدة منه مع جرعة من الماء، كفيل بعلاج هذه الحالة.

وحدثت المعجزة..

فقد اختفت كل تلك الأعراض في لحظة.. ولكن بقيت تلك الحبة معلقة في زوري.

ذاكرة

عندما كانت تجتاز جسر الوقت، وهي تنفذ إلى بقعه مضيئة من تاريخي، يصبح لقاؤها في موسم الشتاء عيداً للخلايا التي ولدت في الخريف. تخلّفت عن الحضور هذا العام، لأن فبراير (شباط) كان يتنفس تسعة وعشرين يوماً.. بينما كانت هي تحمل ذاكرة العام الذي مضى.

سراب

السراب حول قريتي طاعنٌ في السن.. شهدَه أجدادي وأجدادُ أجدادي.. وكان دائماً يكذب علينا وينتحل شخصية الماء.. أجدادي كانوا يصدقونه.. فلماذا أكذّبه أنا؟ ولذلك دفقت مائي.. واتجهتُ صوبَه ولم أُعد حتى الآن.

محمول

منذ أن هب ودب على سطح هذه الأرض فهو شخص محمول.. له ثمانية أطفال وزوجتان تتعدد مطالبهما.

الجميع يقولون: مسكين.. رجل محمول!

واليوم رأيته وهو محمول على نعش إلى مثواه الأخير.

موت

جاءني في المنام ليقول لي:

ماذا تعرف عن الموت؟

قلت: هو الشيء الذي نظنّ أنّه يصيب الآخرين ونستبعد أن يصيبنا.

قال: إذاً جرّبْه..

قلت: كيف أجربه؟

قال: أن ترى ولا ترى.. أن تتكلم فلا تسمع إلا صوتك، وأن تضرب فلا توجع، وأن تهجع فلا تنام.

وعندها أدركت أننا ميّتون منذ زمن بعيد.

عمق

في عيد زواجهما العاشر.. كان يبحث عن كلمات يقدم بها هديته، قال لها والكلمات تتسكع على شفتيه:

- يا زوجتي العزيزة.. يعجبني نومك.. إنه أعمق شيء فيك.. شيءٌ أقرب إلى الموت.

نحس

قال المطرب لزوجته:

أتَذكُرين عندما قدّمتُ أغنيتي الأولى في نادي الضباط، وكيف كسّر الجمهور رأسي وأنتِ الوحيدة التي وقفت بجانبي تساندُني؟ أجابت وعيناها تُرسلان بريقاً لامعاً: نعم. قال: أتذكرين عندما قدمت أغنيتي الثانية من مسرح الجامعة، كيف كان رَدُّ الجمهور وهو يقذفني بالزجاجات الفارغة، وأنت الوحيدة التي وقفت بجانبي تساندُني؟ أجابت وعيناها ترسلان بريقاً ساطعاً: نعم.

قال: أتذكرين تلك الحفلة في المسرح القومي، عندما قدمت أغنيتي الثالثة، وكيف انهالت عليّ اللعنات وكيف شتمني الجمهور، وكنتِ أنت الوحيدة التي وقفت بجانبي تساندني؟ أجابت وعيناها ترسلان بريقاً أخاذاً: نعم.

قال: أعتقد أنك تجلبين لي النحس وسوء الحظ.

وراء

وقف الديك أمام الدجاجات المتعددات الألوان والجنسيات وهو يصيح: ورا.. ورا.. ورا. وكان الدجاج يتراجع ورا.. للخلف.

ويصيح الديك:

ورا.. ورا..

ويتراجع الدجاج للخلف.

ويلتفت الديك لمعاونه قائلاً:

حرك السير الإليكتروني.. فيتحرك السير.

ويصيح الديك:

الآن كل دجاجة تضع بيضة على السير.

ظهور

في الأزمان القديمة.. بين مدرّجات الجامعة، كان قلبه يخفق كلما رآها.. فيعود إلى غرفته يسكب أشواقه ولهفته ولواعج حبه على أوراق كان يقتات على سطورها.. وبعد سنين قابلها.. وتصافحا.. (كالأصدقاء القدماء.. يسلمون في فتور.. يودعون في فتور).. قال لها:

- (ابقي اظهري)..

وهي كانت قد ظهرت لتوها.

نوم

طُلب مني أن أحكي لكم هذه الحكاية قبل أن أنام..

في قريتنا التي يمر عليها مجرى للصرف الصحي من المدينة، زرعنا قمحاً وذُرةً وشعيراً..

إلا أن حقولنا أنبتت حبوباً منوّمة..

الجميع مستمتعون بنوم هادئ.

قط

الحوانيت أقفرت.. خلت الطرقات من المارّة.. وتحرك جرذ صغير بحذر وبفرح بالغ، فقد كان ينتظر هذه اللحظة التي تجعله يأمن غدر السيارات والباعة المتجولين، وينعم بما في حاوية القمامة من طيبات.

القط الذي افترسه كان يسكن حاوية القمامة.

أعداء

كان يتصفّح دليل التلفون بعناية فائقة، وهو يعبر ببصره فوق الأسماء التي اكتظّ بها الدليل، مرّت أيّام عديدة وهو مواظِب على تصفُّح الدليل.. سألتُه عن ذلك، أجابني وهو لم يرفع نظره عن الصفحة:

أريد أن أكون حذرا في اختياري لأعدائي.

هموم

ولَيلٍ كموجِ البحر

لا ..

وبحرٍ كليلِ الموج

لا ..

وموجٍ كبحر الليل

لا ..

وليلٍ كبحر الموج

لا ..

وما الفرق بين هذه وتلك؟ وما الفائدة إذا كان كل منها
"أرخى سُدولَه عليّ بأنواع الهموم ليبتلي"؟!

عبقرية

الرّياح التي هبت البارحة، زيّفت معها إرادة الطيور.. فقد حملت معها آلاف الطيور، وألْقت بها بعيداً عن القمّة وحصرتها في سفح الوادي.. وعندما أطلّ الفجر، جاء ضُبّاط الانتخابات، ووجدوا جميع تلك الطيور في سفح الوادي، عند الجانب الذي يقف عليه الصقر، وهكذا فاز الصقر بالإجماع وهو يردد:

العبقرية أن تنال المجدَ عفواً دون قصد..

العبقرية أن تنال المجد عفواً دون كد..

العبقرية أن..

العبقرية..

جهيزة

قطعت جهيزة قول كل خطيب. فعندما تدافع الخطباء بالعشرات، وهم يتبارَوْن في نفْخِ اللغة وتفخيمِها وصناعة مصطلحاتها، ونجارة قوافيها، ورصّ (وترصيص) كلماتها.. لم تحتمل أعصابُ جهيزة كل ذلك الصياح المنطلق من مكبّرات الصوت، والّتي نصبت كالمشانق للغة في سرادق الاحتفال، بمناسبة مرور خط الاستواء على قريتنا.. فاندسّت وسط الجموع ثم قطعت الكهرباء عن تلك (الميكروفونات)، فانقطع قول كل خطيب.. وكذلك نفَسُه.

وطن

تأتي الرياح بما لا تشتهي السُّفُن.. ولكن ماذا تشتهي السّفن؟ هل تشتهي مرافئ تأوي إليها، أم تشتهي سواحل وموانئ وصالات جمرك، وعدداً غير محدود من المسافرين والمودعين والقراصنة؟

حقيقة لا أدري..

ولكن عندما أقلعت سفينتي وزمجرت على صواريها الرياح، وتناثر رذاذ الملح على وجهي، وسبحت من حولي أسماك القرش، أحسست أنها تشتهي وطناً لا تتقاتل فيه الحركات المتخمة بالسلاح.. هذا ما بخلت الرياح أن تأتى به. وأبحرت سُفُني تمخُر عُباب المجهول.

مداهمة

أحدهم حمل ثوباً نظيفاً علّقه بالقرب من نافذة سيارته..
في هذه الأيام التي يكثر فيها التلوّث لا يعرف المرءُ متى
تتّسخ ثيابُه.

أحدهم حمل حقيبة دواء.. في هذه الأيام التي كثرت فيها
الأمراض لا يعرف المرء متى يداهمه المرض.

أحْوَطهم حمل كفناً.. في هذه الأيام التي كثر فيها الموت
المفاجئ لا يعرف المرء متى يداهمه الموت.

شيطان

استحال علينا أن نصل لاتّفاق.. نبدأ في مناقشة جدول الأعمال ثم نجد بعد نقاش طويل ممتد لساعات، أننا لا زلنا لم نبارح جدول الأعمال.. فاستعَنّا بخبير أجنبيّ متخصص في جداول الأعمال، وقضى معنا زمناً طويلاً وهو يحاول أن يتخطى جدول الأعمال، فلم يفلح.

أحد الذين يعملون بالسحر الأسود، سمع بمشكلتنا.. جاء من تلقاء نفسه، وبعد يوم واحد فقط، أعلن لنا أنه اكتشف أن هناك شيطاناً في التفاصيل وسيقوم بإخراجه، ولكن علينا أن نحضر شعرة من شنب أسد مصاب بالزهايمر ويظن أنه ديك. فانطلقنا نبحث عن ذلك الأسد، لم نجد الأسد، ولكنا وجدنا ديكاً مصاباً بالزهايمر ويظن أنه أسد.

خيبة

اقرأوا عني:

رأيت فيما يرى النائم أن الأشجار تعانق بعضها، وأن الرياح تعصف بالأشجار، وأن النهار يفاجئ الرياح فتختفي خلف السهول، وأنّ السهول العارية تغطّت بورق التوت، وأنّ التوت صار مرتعاً لدود القزّ، وأن المصانع بنت أمجادها على عرق دود القزّ، وأنني أقف هنا أحمل كل حرير الدنيا للمرأة التي أحبها، فلا تأبَهُ بي ولا تعيرني تلك النظرة التي كنت أحلم بها.

مقلوبة

خُفّاش صغير تعلّق برجليه على سقف الغرفة، وظلّ متدلّياً إلى أسفل. في المساء عندما صحا من نومه..

صاح مستغرباً:

ـ لماذا هذه الدنيا مقلوبة بهذا الشكل؟

واثقون

وقفتُ لأتحدّث حديث الواثقين، وأنا ممتلئ إعجاباً بقدراتي الخَطابيّة، ومنطقي الذي غطّى على كل من قاد جدَلاً في مواجهتي، وظهر ذلك في الاستحسان الذي انهمر على من عدد كبير من المستمعين والمشاهدين.

وفي المساء، أخذتُ أبنائي لحديقة الحيوانات، وأنا سعيد بما حقّقته في يومي ذاك.

في حديقة الحيوانات، انبرى لي حمار وحش وقال:

أنت تتحدث حديث الواثقين؟ أنا نفسي لا أتحدث حديث الواثقين؛ للآن لم أعرف هل أنا أبيضُ مخطّط بالأسود، أم أسودُ مخَطّطٌ بالأبيض.. قل لي بربك وحدثني حديث الواثقين وقل لي من أكون؟

وأُسْقِط في يدي.

كريمات

قال لها الطبيب: هذه "الكريمات" التي تجعل بشرتك تبدو نضِرةً بيضاء، وتجعلُكِ محطَّ أنظار الآخرين، وتعطيك جوازَ مرور للفضائيّات، في آخر الأمر ستسبب لك فشلاً كلويّاً.

قالت: كم سأبقى نضِرةً في أنظار الآخرين؟

قال: ربما عشرين عاماً.

قالت: وكم سأبقى مصابة بالفشل الكلويّ قبل أن يقضي عليّ؟

قال: ربما ثلاثة أعوام.

قالت: إذاً فالمعادلة في صالح الكريمات. وفتحت حقيبتها وتناولت كريم تفتيح البشرة.

تين

التين الذي نبت على سفح الجبل في قريتنا كان شوكياً، إلا أن الأشواك لم تمنع الأطفال من قَطْفه.. وذلك بعد أن درَسوا في المدرسة أننا من أجل الشوك الذي في الورد، علينا أن نحب الورد، وقد صيغت وثيقة التفاهم على هذا الأساس.

انهارت تلك الوثيقة عندما أعلن أحدهم أن التين الشوكي يصلح لعلاج النخاع الشوكي.. الأطفال لا يدرون كيف يقطف النخاع الشوكي.

غبار

الشعاع الذي عبر خلال ثقب في النافذة المغلقة، نزل كعمود من الضوء تتقاطع عليه ذرّات صغيرة من الغبار، وتبدو سابحةً فيه.

فَراشةٌ كانت تجلس على زهرة من البلاستيك داخل الغرفة.. أعلنت فرحها بدخول ذلك الشعاع.. طارت نحوه وسبَحت في داخله.

سقطت مَغشِيّاً عليها من الإعياء، بعد أن تراكمت على أجنحتها ذرّات الغُبار.

مُتنَزَّه

الرمال تزحف على بطن الوادي فتصيبُه بالاستسقاء الرملى.. أحد الكثبان الرملية استرخى بين يدي الرّياح، فتمدد وكبر حتى غطى كل الوادي.

وعندما أجرى الطبيب عملية جراحية وفتح بطن الوادي، خرجت منه بعض الأشجار المتيبّسة والأعشاب الجافّة ولوحَةٌ كتب عليها:

متنزّه الوادي الأخضر.

تحديق

قالت لي:

لا تنظر خلفك.. فالنجاح الذي أصبته، والفشل الذي غازلَك أكثرَ من مرة، كلُّه الآن ملك للتاريخ.

قلت:

وماذا عن المستقبل؟

قالت:

إذا عشته.

قلت:

وماذا أملك الآن؟

قالت:

الحاضر إذا فهمته.

وحدقت في الحاضر.. فإذا بي أملك صلعةً لامعةً، وظهراً محدوداً من كثرة التحديق في الحاضر.

اسم

الذي حدث الليلة البارحة، جعلها تهرع مذعورةً إلى المرآة، فترى صورة غير التي كانت تتوقعها. أحسن أو أسوأ، هذا لا يهم، ما يهمُّ هو أنّ الشخص القابع خلف المرآة لا يشبهها.. سمعتْ صوتَها من جهاز التسجيل.. أنكرته ثلاثاً.. ونفرت منه، هذا صوت شخص لا تعرفه.. فساتينُها ليست فساتينها بعد أن ضاقت عنها بما رحبت.. من تكون إذاً؟

الذي أثار حيرتها وجعلها تدور في تلك الدوامة، كان ذلك عندما سمعت زوجها يذكر اسماً نسائيّاً في نومه لا يطابق اسمها.

خدود

الخدود الشاربة من لون الشفق عند المغارب، عانت كثيراً بفعل الغبار العالق في الجو، الذي تراكم فأدّى إلى انخفاض الكميات المطروحة من الشفق عند المغارب في الأحياء السكنية. وقد أدّى ذلك إلى إصابتها بذبول دائم، لم تنفع كل مستحضرات ديانا وريد مي اسبيشال ومجهودات مركز نانا للتجميل في إزالته. واليوم هلّت الفرحة عندما طرحت السلطاتُ كمياتٍ إضافيّةً من لون الشفق عند المغارب، فتورّدت الخدود الذابلة وزاد تألُّقها. وقد أطل علينا كلنا الفرح.

بَكَم

عندما نطق بكلمة الحق.. فرُّوا جميعاً من حوله.

وعندما كذب عليهم.. احتقَروه..

وأخيراً لاذ بالصمت.. فأصيب بالبكم.

نار

النار اشتعلت في سوق القرية. بعضهم حمل رملاً.. بعضهم حمل ماءً، واشترك الجميع في محاولة إطفائها.. إلا أنها ظلت مشتعلة..

قال بيدبا الحكيم:

لن يستطيعوا إطفاءها حتى يطفئوا النار التي تشتعل في صدورهم.

بعوضـة

الجميع كانوا يخشونني، فقد نصبت نفسي دكتاتورا عليهم.. سلبتهم قدرتهم على التفكير.. وصادرت الفاصلَ المداريَّ الذي كان يمر بعاصمتهم وغيرت مجرى الرياح الشمالية، وحددت موسم الإنجاب عند نسائهم، إلا إنني أتعس مخلوق هذا الصباح.. فقد سلبتني بعوضةٌ تافهة النومَ ليلة البارحة وأخذت قطرة من دمي استعصى عليّ استرجاعها.

فَسيخ

كان متباهياً بقدراته العلمية والإداريّة، فعينوه وزيراً يشرف بنفسه على مشاريع صناعة الشَّربات من الفسيخ، عندما كان هناك شح في الشربات.

أدهش الجميعَ عندما تمكّن من صناعة الفسيخ من الشَّربات الذي عثر عليه.

بخور

بخور انطلق من مبخر مدينتنا العتيق، داعياً الناس للتناسل والتكاثر، إلا إنه اختلط مع الدخان المتصاعد من عوادم السيارات والباصات والحافلات والمركبات التي تسير تحت غطاء كثيف من الدخان. جارتنا أنجبت ابناً له شكل العادم، ويكحّ كربوناً.

ابتسامة

أرادوا أن يُخرجوها من كهف أحزانها، فقالوا لها: ابتسمي.. لا شيءَ يعيد التوازن بين الأشياء مثل الابتسامة.

ابتسمت في وجه الرياح والأعاصير والزوابع التي هبت مع أول بادرات الخريف..

وهكذا امتلأ فمُها تراباً، فاضطرّت لاستخدام معجون "ترابنيوس".

الألسن

وهو في قمة إحباطاته، قالوا له: خذ عيوننا..

قال لهم: أنتم تملكون عيناً واحدة.. لن آخذها

قالوا له: خذ آذاننا..

قال لهم: أنتم تملكون أذناً واحدة.. لن آخذها.

قالوا له: خذ أرجلنا:

قال لهم: أنتم تملكون رجلاً واحدة.. لن آخذها.

قالوا له: خذ ألسنتنا.

قال لهم: أما هذه فنعم. أنتم تملكون آلاف الألسن.. ولو أخذتها جميعها، لما بحّ صوتُكم من الكلام.

جوال

ذات يوم كانت لنا مدينة.. نلعب في حواريها وأزقتها، ونتعفر بترابها، وينتشر صياح الأطفال في جنباتها. حتى كان يومٌ جاءتنا فيه عمّتنا "الخصخصة" واستوطنت مدينتنا.. فصرفوا لكل واحد منا جوالاً يقيم في داخله.. وجوالاً يتحدث منه.

زلازل

كان الجميع يتحدثون عن الزلازل والبراكين التي تثور فجأة داخل البحر، عندما يزيد الملح ويطفح، وتنطلق موجات السونامي، فيرتفع قلق أصحاب العمارات المشيدة من الشّعُبَ المرجانية والأصداف وزبد البحر..

الوحيد الذي لم يكن يعبأ بالزلازل، كان سلحفاة البحر، إذ إنها كانت تسكن بيتاً تحمله على ظهرها.

زواج

قرأ: الطلاق مرّتان..

تفرشخت أوداجه وبان السرور على وجهه.

قال: إذاً الزواج مرّتان.

ومضى لا يلوي على شيء ليتزوج الثانية.

استطاعة

عندما كان شابّاً.. قرر أن يكون مخلصاً لزوجته.. لم يستطع.

عندما تقدم به العمر وصار شيخاً.. قرر أن يخون زوجته.. لم يستطع.

ضغط

رفعوا ضغطه في البيت.. رفعوا ضغطه في المكتب. رفعوا ضغطه في الشارع.. رفعوا ضغطه في خطوط الطيران.. رفعوا ضغطه في كل مكان. وأخيراً انفجرت شرايينه ومات..

وفي المقابر وهم يشيعونه إلى مثواه الأخير.. كانوا يتسألون: ما الذي أدى لوفاة المرحوم؟

قبطان

قبطاننا كان يحلم بالجُزُر المستحمّة تحت الشمس، المستلقية على مدخل الخلجان المرجانية التي تطلب فيها الأسماك حق اللجوء السياسي. وعندما نفخت الرياح في أشرعة سفينته، ضرب أعالي البحار فتناقل الجميع أخباره التي نسجوها قبل أن يغادر المرفأ.. وعندما عاد كان قد فقد سفينته التي استولت عليها الزوابع، غير أنه كان يحمل ذكريات الأسماك التي كانت تطلب حق اللجوء السياسي.

زحف

المدينة تزحف على أعصابه فتصيبه بالتوتر والدوار.. انتقل إلى منزل في الضواحي وطرف المدائن.. إلا أن المباني الجديدة حاصرته.. انتقل إلى طرف آخر.. انتقلت معه المباني العالية ذات المولدات الكهربائية الهادرة.. فظل يفر من المدينة وضوضائها حتى ابتلعته الصحراء الأفريقية.

حكمة

رجل اعتاد أن يبيع علب الأطعمة منتهية الصلاحية..
سردين.. تونا.. مربة.. جبنة.. إلخ إلخ

قال له مشتر: بكم تبيع العلبة؟

ردّ الرجل: بخمسة جنيهات.

سأل المشتري: أعطيك عشرة جنيهات فتعطيني ثلاث
علب؟

رد الرجل: ولماذا تحتاج لثلاث علب.. واحدة كافية
لترسلك إلى الدار الآخرة.

نووي

الأول قال مباهياً: السلاح النووي الذي أمتلكه يمكنني به أن أدمر العالم عشر مرات..

أجاب الثاني أكثر مباهاة: السلاح النووي الذي أملكه يستطيع أن يدمر العالم عشرين مرة.

قال الذي عنده العلم النووي: ولماذا كل هذا التبذير؟ مرة واحدة تكفي.

تمساح

أظلمت الدنيا في منتصف النهار، فخرجنا نحمل المشاعل والرتاين والتورشات نستطلع الأمر..

قالوا لنا أن تمساحاً عملاقاً فغر فاه وابتلع في جوفه قرص الشمس.. ضاقت الأرض بما رحُبت، فخرجنا كلنا نلعن ذلك التمساح ونصب جام غضبنا عليه ونبحث عنه ونتوعد بإبادته. ودقت الطبول وأعلنت حالة الطوارئ.

حكيم مدينتا قال لنا:

ابحثوا عن الشمس تجدونها.. ولكنكم الآن تبحثون عن التمساح وهذا لن تجدوه أبداً.

ديك

ديك القرية أصيب بالسعال الديكي.. ذهبنا به للعيادة البيطرية. لم نجد دواءً. بحثنا في جميع الصيدليات التي تبيع أدوية حيوانية. لم نجد دواءً. طبيب بيطري حصيف نصحنا قائلاً: كل الصيدليات الموجودة تبيع دواءً للسعال الديكي الذي يصيب الإنسان، وحسب علمي لا يوجد علاج للسعال الديكي الذي يصيب الديك. وهكذا قضى ديكنا، قضى قضى، وعن ديارنا مضى، مأسوفاً على صياحه في الفجر.

إغاثة

نذرت نفسها للأطفال والعصافير.. تطعم الأطفال خبزاً
وتطعم العصافير قمحاً.. هكذا كانت حالها. وذات يوم لم تجد
خبزاً ولا قمحاً.. فأطعمت الأطفال من طعام الإغاثة الدولية..
العصافير اغتربت..

والأطفال حملوا رشاشات في أياديهم.

فحص

كان يهاب الفحص الدوري.. فربما جاءت النتيجة على غير ما يشتهي، إلا أنه تحت إلحاح أصدقائه ومعارفه قرر أن يأخذها للفحص الدوري.

وخرج من عند الطبيب وهو يقرأ لها نتيجة الفحص: تغيير طقم الأسنان والعدسات اللاصقة، ونقل كُلية، وتركيب باروكة جديدة.

عسل

غريب أمر هؤلاء.. لقد قضيت وقتاً طويلاً وأهدرت مالاً لُبَداً، وأخيراً تحصلت على أجود أنواع العسل الحقيقي جلبته لأعرضه للبيع لأبناء أمتي الذين يؤمنون بأن فيه شفاء للناس. ومكثت زمناً طويلاً وأنا أنتظر أن يتدافع الناس بالمناكب زُرافاتٍ ووُحداناً، ويصطفون أمام متجري للحصول على حصتهم من العسل الحقيقي غير المغشوش، ولكن الناس يقبلون على العسل المغشوش ولا يقبلون على عسلي الحقيقي.

قال لي حكيم قريتنا:

العسل المغشوش يحتاج لآلاف الجمل المعسولة لكي يباع، والناس يشترون الكلام المعسول ولا يشترون العسل الحقيقي.

بغلة

عندما تفوّه قائلاً إن البغلة في الإبريق! ارتفعت حواجبُ كثيرةٌ من الدهشة، وانعقدت اجتماعات طارئة لمناقشة ذلك التصريح الطارئ، وانبثقت لجنةٌ لتقصّي الحقائق، رفعت تقريراً ينادي بمثوله أمام لجنة تحقيق كبرى.

العَسس الذين بعثتهمُ اللجنة، نظروا في جميع أنحاء الإبريق، لم يجدوا بغلة تذكر.. وهكذا سيق للمحاكمة بتهمة إشانة سمعة البغلة والبهتان الضار بالإبريق.

النهر

النهر الذي يمر بقريتنا، كان يجلب الخير والمسرّة.. وذات يوم عبرت المصانع عن فرحتها فأغرقت النهر بنفاياتها.. العصافير طارت بعيداً، والأسماك غرقت وذابت في الأحماض.. فأرسلنا استغاثة عاجلة نبحث عن أطراف صناعية لأطفالنا الذين ولدوا بلا أطراف.

زمـن

صاحبت الزمن زمناً طويلاً.. كان عَطوفاً بي، ومع مروره كنت أنسى إخفاقاتي وآلامي وجراحي.. والأحبة الذين كنت أحن إليهم فلا أجدهم.. غير أنه كان يفوتني كل مرة وكنت أتحسر كثيراً حتى سمعت فنانا يغني: (يا زمن وقف شوية).. فأدركت يومها أنني لست الوحيد الذي يفوته الزمن.

بصلة

كان الجو بارداً بارداً.. قارساً

لم يجد مأوى يلجأ إليه..

ولهذا حشر نفسه بين البصلة وقشرتها..

وفي الصباح كان الجميع يشمّون رائحة البصل، إلا هو
فقد كان يشعر بالدفء أكثر من أي وقت مضى.

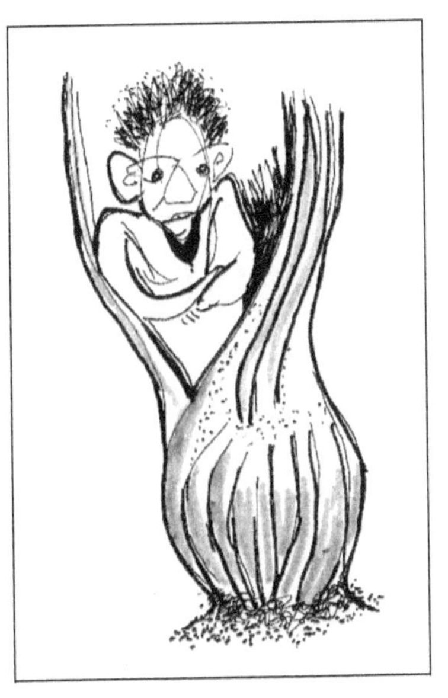

خيانة

وأخيراً ضبطتُها وهي تخوُنني.. يا للبشاعة! يبدو أن الخيانة مركّبة فيها وفي خلاياها.. كيف فات عليَّ أن أدرك ذلك؟ هل أزجرها أم ألقي عليها كل حجارة جبل إيفرست؟ أم آخذها لمحكمة النظام العام؟

على العموم، سأعرضها لقرّائي كقضية عامة، فماذا أفعل وقد ضبطتُ في وضح النهار.. ذاكرتي وهي تخونني مع تقدم السن؟

دوخة

لم يكن غاضباً.. بل كان حزيناً، فقد داخ سبعَ دوخاتٍ دون أن يحصل على ما كان يبحث عنه بينما جميع أصحابه وحتى الذين أقل منه شأناً فازوا بما يريدون دون أن يدوخوا دوخة واحدة.. تطوع أحد أصدقائه المخلصين وكشف له عن سر خطير لا يدركه إلا العارفون ببواطن الأمور.

في هذا الزمن الذي يرتفع فيه سعر كل شيء، لم تعد السبع دوخات تكفي.. فقد كان عليه أن يدوخ عشر دوخات قبل أن يحصل على ما يريده.

شروط

كان يبدو عليه الألم والتحسُّر وهو يسترجع من ذاكرته ذلك الشريط المضني للمفاوضات بينه وبينهم، وهو لم يحصل على شروط حسنة..

حكيم القرية ربت على كتفه قائلاً: هون عليك يا صديقي.. كيف تحصل على شروط حسنة وأنت تقف في الجانب المغلوب؟

حليت

كان يظن أن محبوبته لو راقت وحَلِيَتْ فإن الدنيا (ستحلى)، وإن صعابها ستسهل ولكنه كان واهماً.. فعندما راقت حبيبته وحليت، أصبحت الأمور أشد تأزُّماً، إذ تقاطر صوبَها جحافلُ الخُطّاب والمحبين والعشاق يطلبون يدها، فانزوى هو في آخر الصف يلعق جراحه.

بَيْدَبا

قال الملك دبشليم: قُل لي يا بيدبا، لماذا من كل الكائنات نجد الكلب هو الوحيد الذي يرفع رجله الخلفية عند التبول بالقرب من جدار أو شجرة؟

أجاب الحكيم بيدبا:

لأن جَدّ الكلاب كان يتبول بالقرب من جدار قديم، وفجأة حدثت هزة أرضية فتهدم الجدار وسقط على جَد الكلاب فقضى عليه أمام أبنائه.. ومن يومها حفظت أمة الكلاب الدرس جيّداً، فصار أي كلب يرفع رجله الخلفية ليسند الجدار حتى لا يسقط عليه فيقتله مثل جده.

سحليّة

تدير عينيها وتمسح بهما المساحة أمامها وبالأجناب،
وتحدد من أي المخارج تخرج. وهي لا تدخل مكاناً إلا بعد
أن تكون قد حددت كيف تخرج. فلو أننا اتّبعنا إستراتيجية
السحلية، لما وقعنا في مشكلة لا نستطيع الخروج منها.
أوَليست حبيبتي السحلية جديرة بالاحترام؟

فاهم

عندما وقّع البشر مذكرةَ تفاهم نيابة عن الجمل والكلب، بأن يمشي الجمل وأن ينبح الكلب.. لم يكن الجمل سعيداً ولم تضف له تلك المذكرة جديداً؛ فهو ظلَّ يمشي منذ أن خلقه الله، ولم يكتسب أميالا إضافية تحسب له في ميزان حسناته، وكذلك الكلب فهو ينبح في السرّاء والضرّاء وهو يجري خلف السيارات والأطفال، ولم يوفق في اللَّحاق باللصوص.. ولذا أبرما اتّفاقية ثنائيّة تؤكد حق الجمل في أن ينبح وحق الكلب أن يمشي ولا جناح عليهما إن فعلا.

غير أنهما لم يكونا سعيدين؛ فالجمل لا يستطيع أن يرى اعوجاج رقبته، والكلب لا يستطيع أن يعدل ذيله.

شخيص

الطبيب قال لي: أبْشِرْ فأنت في صحة جيدة.. وخاصة لإنسان في عمرك الستين هذا.. لا تنزعج أبداً..

أصابني غم عظيم..

لقد كنت في الثلاثين من عمري.

سـؤال

كان لا يتورّع عن السؤال عن أشياء إن تُبْدَ له تسُؤْهُ..
قذف بنفسه في أتون سؤال يثير القلق: من أين تبدأ الدائرة
وأين تنتهي؟
ظلّ يدور حتى الآن.

لَوْمستان

في مدينة "لَوْمستان"، اعتاد أهلها أن يقضوا جل وقتهم يلومون بعضهم بعضاً، ولهم مجمع لغوي مهمته أن يستنبط كل يوم كلمات جديدة تدفع بلغويات اللوم إلى آفاقٍ أرحب. إذا تأخرت عن الموعد فأنت ملوم وسيكون عليك حسم من راتبك، وإذا حضرت قبل حلول الموعد فأنت مَلوم وعليك دفع إيجار.

وكانوا يسجلون لَوماً على تلك النملة التي كادت تتسبب في كارثة، لأنّها لم تُحذّر قومها بوقتٍ كافٍ، حتى أوشك سيدنا سليمان عليه السلام أن يحطم قومها.

وأوصوا بتفقد كل أجهزة الإنذار المبكّر عند أمة النمل وضبطها. وسجّلوا لوماً على قوم صالح، الذين ذبحوا ناقته وأكلوها ولم يرسلوا لهم منها. واليوم وقد اجتمعوا وهم يلومون ذَنَب العنزة لأنه مُركّب فيها، ولا يغطي عورتَها، مما يعد إخلالا بالآداب العامة.

إشـارات

كان معلمنا يقول لنا:

الإشارة الحمراء.. نقف عندها تماماً.

الإشارة الصفراء.. نستعد للتحرك.

الإشارة الخضراء.. ننطلق.

إلا أننا عندما قُدْنا سياراتِنا.. كانت:

الإشارة الحمراء: نقف عندها غيرَ مقتنعين، ونستولي على نصف الشارع.

الإشارة الصفراء: ننطلق.

الإشارة الخضراء: لا أحد ينتظرها لتضيء.

حســد

لم يكن يشغل بالَه حسدُ الجميع له. فهو رجل ناجح، ولا بد أن يكون له حُسّاد يحسدونه. إلا أنه كان يودُّ أن يصل مع حُسّاده إلى اتفاق حتّى يقوموا بجدولة ذلك الحسد.. وبعد مفاوضات مُضْنية توصّلوا إلى اتفاق يجدوِل الحسد على مدار ستة أيام في الأسبوع، ويترك له اليومَ السابعَ عطلة.. لم يُخْفِ غبطتَه بذلك الاتفاق..

الجميع عادوا فحسدوه على تلك العطلة.

جراد

هجَمت جحافلُ الجراد على حقلٍ من الأرز، وأحالته بلحظةٍ إلى هشيم تذروه الرياح.

الجميع حزنوا لما أصاب محصول العام من الأرز.

الوحيد الذي كان مغتبطاً صَقرٌ انتهازِيٌّ حصَل على وجبةٍ شهيّةٍ من الجراد المحشُوّ بالأرز.

منام

الشال منام عيني.. كان يزورنا في الخريف والآن صار يزورنا في جميع الفصول..

فيسلبنا القدرة على النوم..

أرسلنا للأمم المتحدة.. فأرسلت لنا مبيداً للبعوض.

غذاء

الهواء الرطب يتحرك ليلاً فيثير معه ذكريات الدم اللّزج وكريّاتِه الحمراء في أنثى البعوض.. فطارت تحلّق في سماء الغرفة، ينبعث منها صوت إنذار مبكر. دارت دورة أو دورتين ثم حطّت على يد رجل مخمور كان ينام تلك الساعة داخل الغرفة. امتصّت غذاءَها من شرايينه.. سقطت ميتة.

زفاف

جاءوا بفَراشة وأحضروا لها جميع أدوات التجميل من كل مكان.. فهذا الكريم يعيد لها شبابها، وهذا يورّد خدودها، وهذا يضع ظلالاً حول جفنيها، فتبدو ناعسة، وأتوا بكل أنواع الحرير، وألبسوها أجمل ما عندهم، وذلك ليزفّوها إلى ضوء المصباح.. ومع ذلك بدت عارية!

قال الحكيم بيدبا:

(ما يولد في الظلمات يفاجئه النور فيعرّيه).

ثلاثة

كانوا ثلاثة.. هو وهي ورقم الهاتف..

وذات يوم اختفت. وبقي هو ورقم الهاتف.. وعندما عادت لم يجد رقم الهاتف. وظل يبحث عنه.. ويبحث.. حتى عثر عليه أخيراً. وهكذا عادوا ثلاثة كما كانوا.. إلا إنه قد اختفى من ذاكرتها.

فيل

أكثر من خمسين عاماً والقوم في جدال مستمر.. يفطرون جدلاً ويتغدّوْن جدلاً.. ليلاً ونهاراً يتجادلون.. ما الفرق بين الفيل والنملة؟

ظلت هذه المسألة بلا جواب مقنع. أثيرت على صفحات الصحف والإعلام المرئيّ والمسموع، وقُدّمت كمسألة مستعجلة في الدوائر التنظيرية دون جدوى.

طفل إليكتروني صغير صاح في وجوه الجميع:

ـ رِجل الفيل ممكن تنمِل.. لكن رجل النملة ما ممكن تفيّل.

قمامة

جاء في سفر الإغاثة:

"إنه كان يرضع من ثدي أمه لبناً جافّاً يحتاج إلى كل أنهار العالم لإذابته. فالغبار العالق في الجو قد شرب الرطوبة وترك جفافاً في ثدي أمه، وفي ثدي شاتهم.

أما اليوم فقد رضع من ثدي الشاة شيئاً له طعم الفراولة والبرتقال.

الشاة كانت ترعى في قمامة جيرانهم.

منصت

كان صامتاً، وكان الصمت تخصُّصَه وبضاعتَه التي اشتهر بها، وكانوا يعتبرونه تتمّة المجالس دون أن يأبه به أحد.. فهو الوحيد الذي يصغي، ولكن عندما احتدّ النقاش والجدال في جمهورية "كلامستان"، فجأة اكتشفوا أنه لا أحد يُنصت. أرسلوا له وأحضروه من منزله وسط حفاوة بالغة، وباركوا كلهم اختياره بالإجماع لمنصب المُنصت العامّ، ثم واصلوا جدالهم.

تكرار

قال متسائلاً:

هل في التكرار تكمن الحياة؟

سمع عرّافة الحي تقول:

لا شيءَ يتكرّر.. الجميع يعتقدون أنهم أسعدُ حالاً من الذي لم يأتِ بعدُ وأتعسُ حالاً من الذي مضى.

تحدي

قالت والغيظُ قد تملّكَها وكاد أن يفتك بها:

لو كنتُ زوجتَك لوضعتُ لك سمّاً في القهوة.

قال وهو يضغط على كل كلمة:

لو كنت زوجك.. لشربتُها.

بلاستيك

عندما نبتت الأواني البلاستيكية والزهور البلاستيكية على أسطح المنازل.. كانت مدينتنا تنعم بثورة صناعية هائلة.. المداخن ترتفع إلى عنان السماء والشوارع يغطّيها الإسفلت والنساء تتزين بمساحيق تزيل الشعر وارتدين (بواريك) من الشعر البلاستيكي المستعار.. ونبتت على أرصفة الشوارع تجارة الأواني البلاستيكية وأطفال البلاستيك وفي المستشفى ركّبوا لرجل قلباً من البلاستيك.

في المساء احتشدنا ألوفاً ألوفاً لحضور تلك الليلة الشعرية التي تبارى فيها الشعراء، وقد كان أن انهمرت الكلمات البلاستيكية وغطت أرجاء المكان.

ثقة

كان لا يدري لماذا لا يثق فيه أحد.. الجميع يفرّون منه وينظرون إليه بشكٍّ وريبة.. وهو لا يدري ما سبب نفور الناس عنه.. ربما يعود ذلك إلى رائحة العرق.. استعمل مزيلاً قويّاً، إلا أن نفورَ الآخرين عنه لم يتوقف.. استبدل طقم أسنانه بطقمٍ ضاحك.. لم يتغير الموقف.. قال له حكيم القرية:

إنك لا تظهر إلا في الظلام.. والناس يشكّون في الذين يظهرون فقط في الظلام.

جوع

أصابه جوع خُرافيّ.. جوع السنين.. لم تستطع كل وجبات الطعام في العالم أن تزيله.. وهو للآن لا يدري كيف يُشبع عينيه من المناظر المثيرة، ولا أذنيه من التقاط الأخبار والإشاعات، ولا فمه من الكلام في أعراض الناس.

تسرع

كانوا يعيبون عليه تسرُّعَه في حكمه على الأشياء، وكان لا يجد نفسه متسرعاً.. فكل أحكامه في نظره كانت صائبة.. إلا أن قناعته تلك اهتزت ذات يوم عندما كان يتأمل وجهها فقال لها:

لماذا لا تخلعين هذا القناع القبيح؟

لم تكن تضع قناعاً..

ملامح

جاء إلى محطة الحافلات السفريّة وهو يقبض على كل حقائبه.. ويضمّها إليه بشدة، فقد جاء مشحوناً بقصص مرعبة عن اللصوص وكيف أنهم سيسرقون حقائبك لو غفلت عنها دقيقة.

الرعب يكاد يفتك به وهو يحرّك عينيه وأذنيه في كل اتجاه، فمن مأمنه يؤتى الحذر. لم يسرقوا منه شيئاً، لكنهم سرقوا منه ملامح وجهه وألبسوه ملامح سلحفاة مذعورة.

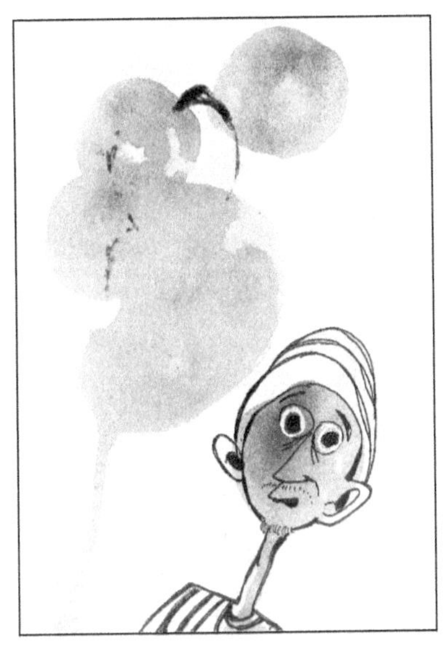

مُملّة

ولدٌ جاء بعد ستّ بنات.. أُعلنت الأفراح والليالي المِلاح، في عام الفرح الدولي في منزلهم. وهو طفل كانت كل الألعاب تستقر عند سريره قبل أن يشير إليها. كان يلعب بها ثم يلقي بها بعيداً وهو يقول: مُملّة.. هات غيرها.

سهِر على نجاحه ومسيرةِ تعليمه فيالقُ من المعلّمين الأماجد. وعندما أصبح شابّاً زوّجه أبوه من ستِّ حِسان الطبقة الراقية. وبعد فترة قصيرة جاء لوالده وهو يشير لزوجته قائلاً:

مُملّة.. هات غيرها.

معدة

جارُنا الثّريّ دعانا لمائدة تعدّدت فيها صنوفُ الطعام، الذي كان يفوق كثيراً قدرةَ أي شخص أن يلتهم ما يجعل المائدة قاعاً صَفصَفاً. وكان صاحبُ الدعوة يصيح:

يا إخواني، تركتم الطعام كما هو لم تأكلوه، وكنا نرد:

خيرك غلب.. خيرك غلب.

حكيم المدينة قال لي:

طعام الغني في حاجة لمعدة.. ومِعدة الفقير في حاجة لطعام.

شوارع

قلتُ لجَدّي:

في أي الأزمان يا جدّي نعيش؟

هذه الشوارع المتّسخة.. ما بالُها لا تنظف؟ هؤلاء الناس المحترمون في حاجة إلى شوارعَ نظيفةٍ تليق بهم..

قال جدي:

الشوارع في حاجة لناس محترمين لتصبح نظيفة.

انتظار

لحظات الانتظار تشابكت وامتدّت تأكل ما بقي من مخزون للصبر، وتحوّلت إلى رتابَة قاسية في ترقُّب حدوث شيء ما. لقد ظلوا يحدثوننا أنهم ينتظرون حدوث ذلك الشيء، وما علينا إلا أن نلتقي عند سفح الجبل. فتحركنا شيباً وشباباً، نساءً ورجالاً.. أعمانا يحمل مشلولنا، والذي بعين واحدة يقود أعمانا.. وجاءت الحافلات والمركبات وعربات الجنود والمسؤولين.. كلُّنا موعودون بحدث عظيم عند سفح الجبل..

وأخيراً حدث ما حدث؛ فقد تمخّض الجبل فولد فأراً.. انطلق بعيداً وهو يقضم الحشائش.

زهايمر

مرت سنينُ عديدةٌ وهو لا يذكر شيئاً. ولم يكن يشكو من أي شيء، لأنّه لا يعرف ممَّ يشكو، ولكنه في هذا اليوم وهو يغادر غرفة الفحص حدث شيء حير الجميع، فقد قال لابنه:

لا أريد أن أعود لهذا الدكتور.

والدهشة تملأ وجه الابن قال مستفهماً:

لماذا؟

أما سمعته يقول لي: أعطيك سنتين فقط لمثل حالتك هذه.. هل هو لا يعلم أن الذي يعطي هو الله؟

ابنه لا يعرف كيف عادت ذاكرة أبيه بمثل هذه الحدّة التي كانت غائبة عنه وعنهم سنينَ عدداً.

بعيداً

قال الملك دبشليم الحائر: قل لي يا بَيدبا، كيف يختبر الرجل الحقيقة ثم يعود بالحكمة؟

قال بيدبا الفيلسوف: أعزك الله يا مولاي.. فقد أرسلت يوماً رِجلي لتبحث لي عن مكان أرتاح فيه. غابت ثم عادت لتقول لي: المقابر. ثم أرسلت عيني لتبحث لي عن مكان أختبئ فيه بعيدا عن أعين الخلق.. غابت ثم عادت لتقول لي: المقابر. ثم أرسلتُ أذني لتبحث لي عن مكان بعيداً عن وشايات الخلق.. غابت ثم عادت لتقول لي: المقابر. فذهبت بنفسي لأستوثق من ذلك.. فوجدت المقابر وقد امتلأت بمن يبحثون عن الراحة والاختباء عن الوشايات، ولم أجد لي مكانا.

رؤية

كانت هناك نافذة زجاجية جلس خلفها ثلاثة رجال:

الأول قال: أنا أرى نقطة طلاء حمراء على الزجاج.

الثاني قال: أنا أرى سيارات وناساً يعبرون من وراء زجاج النافذة.

الثالث قال: وأنا أرى ديكين يتصارعان خلف تلك الأكمة.

وقال الذي عنده علم من الرؤية والرؤيا: بل أنا أرى حبّات القمح التي يتعارك عليها الديكان.

والآن يا صحاب، أيّهما الذي ينفعنا؟.. الذي يرى تحت قدميه، أم الذي يشفق علينا ألا يأكل أحد الديكين قوت عامنا؟

جنونيات

أريدك أن تغمس رجليك في الطين.. ولا تتطين.

أريدك أن تغمس رجليك في النيل.. ولا تتنيّل.

أريدك أن تشرب من ذات الكأس التي سقيت منها غيرك..
ولا تتكيّس.

أريدك أن تسرطن جميع الناس... ولا تتسرطن.
أريدك أن تشق المقابر.. ولا تتشقق.

أريدك أن تواجه جميع المحن... ولا تتمحن.

أريدك أن تخالط المساكين.. ولا تتمسكن.

أريدك أن تتزوج بومة... ولا تتبوّم.

أريدك أن تتحالف مع الشيطان... ولا تتشيطن.

ديدان

طائر ظل يجري طيلة يومه وعمره، وهو يطارد الديدان ليلتهمها، ويتغذى بها. واليوم عندما شيّعناه لمثواه الأخير، كانت الديدان أول من التهمه.

خداع

جلست أتأمل تاريخي الطويل، وشعرت بزهو واغتباط. فأنا لم أرتكب أيّ خطأ.. بينما الجميع تكبّلهم الأخطاء.. يالي من شخص مثالي!

ولكنّ شعوراً داخليّاً كان ينتابني ويعكّر مزاجي؛ إذ أنه كان يقول لي: ولكنك لم تفعل أو تجرب أي شيء.

مباهاة

قلت لابني مباهياً:

يجب أن تكون فخوراً بي، لأني عملت على حل مشاكل كثيرة.

قال لي:

نعم وأكون فخوراً بك أكثر لو منعت حدوثها.

غريبة

لا أدري لماذا صعب علينا الاتفاق.. فقد قلت لأحدهم من الفريق المناوئ:

لكي نصل إلى اتفاق، كُفّوا عن نشر الأكاذيب عنا، ونحن سنكف عن نشر الحقائق عنكم.

ذهب ولم يعد!

وجع

أحدهم قال إن رأسه يوجعه.

أحدهم قال إن رجله توجعه.

أحدهم قال إن قلبه يوجعه.

كل واحد صرف علاجه وانصرف.

أما الذي قال أن أخلاقه توجعه، فقد بحثنا في جميع صيدليات أركان الدنيا، وكتب العطارين، ومراكز أبحاث العلاج، فلم نجد له علاجاً. فطوى وجعه بعيداً عن أعين الخلق.. وعندها شعر بالراحة.

صندوق

لقد شعرنا بضيق ونرفزة قاتلة، فقد ضاقت علينا أركان الصندوق بما رحبت واستعصى علينا التفكير، ولم نعد قادرين على تمييز خيط واحد أسود من أبيض، حتى أشار علينا حكيم المدينة أن نخرج من الصندوق لنفكر من خارجه. يا لسعادتنا، لم نكن نظن أن التفكير خارج الصندوق مريح لهذا الحد.

تنفسنا الصُّعَداء، وتفرشخت خياشيمنا.. غير أننا عندما قررنا أن نفكر خارج الصندوق لم يتذكر أيٌّ منّا ماذا كان الموضوع.

يـد

مجموعة من عمال الإغاثة، ومديروهم من ذوي الياقات الزرقاء والخضراء من بلاد أوربية بعيدة.. جاءوا يقدمون لنا الطعام، إثرَ موجة الجفاف التي ضربت قريتنا. جاءوا يحملون لنا الكافيار والمكرونة بالبشاميل والسوشي والكريم كراميل والدريس سالاد والبانيه، وكان هناك صيادون من القرية يحملون شباكا لا يعرفون كيف يصطادون بها الأسماك من نهر قريب، فقد حملها لهم مغترب جاء وتركها وذهب.

ولكني رأيت طفلا يقبض على يد أحد عمّال الإغاثة ويعضّها.. فقلت له مستنكرا:

لماذا تعض اليد التي تطعمك؟

قال لي: لأنه منعني أن أطعم نفسي.

الفهرس